EDITION HERDER

Marcel Pagnol

IM WEINBERG DES LIEBEN GOTTES

Herzerquickende Predigten aus der Provence

Mit Fotografien von
Ulrike Schneiders

Herder Freiburg · Basel · Wien

Der Text wurde herausgegeben von
P. Norbert Calmels.

Berechtigte Übertragung aus dem
Französischen von Roswitha Plancherel

Band 6 der
Edition Herder
Zweite Auflage 1996

Gedruckt auf umweltfreundlichem,
chlorfrei gebleichtem Papier

Reproduktionen: Scan-Studio Hofmann GmbH, Freiburg
Herstellung: Freiburger Graphische Betriebe 1996
ISBN 3-451-22937-4

Inhalt

Vorwort

Ich gehe gern mit der Mode. Dieser Hang, mit der Zeit Schritt zu halten, hilft mir jung bleiben. Es genügt so wenig, um nicht alt zu werden. Die allzu ehrwürdigen Moden lasten schwer auf meinem Geist; sie ermüden ihn. Ich kann ihn beim besten Willen nicht zwingen, auf die Gepflogenheit einer verflossenen Zeit zurückzugreifen. Sie sind alte Zöpfe. Er hat Angst vor ihnen. Mein Schritt fällt aus dem Takt.

Als ebenso deplaciert empfinde ich die Bräuche (die ja die Mode der Sitten sind), wenn sie abgenutzt oder ungeschliffen wirken. An gewisse Gepflogenheiten haben wir uns jedoch so sehr gewöhnt, daß wir sie uns nur schwer wieder abgewöhnen können. So macht zum Beispiel ein Priester im ungewohnten kurzen Rock des Clergyman unwillkürlich die Gebärde des Soutanehebens, wenn er eine Treppe hinaufsteigt. Und so gehorche auch ich einem längst eingebürgerten Brauch und stelle Ihnen den Prediger Marcel Pagnol vor. Würde ich mich dieser Pflicht entziehen, so geschähe es zum erstenmal, daß ein Prediger vor die Gläubigen tritt, ohne daß ihm die Ankündigung des Pfarrers, der ihn eingeladen hat, vorausgegangen wäre. Trotz aller Bescheidenheit muß nun einmal seit Jahrhunderten jeder Gastprediger eine Lobrede auf seine Tugenden über sich ergehen lassen, ehe er die Kanzel besteigt. Der herrschenden Mode zuliebe kann einem auch das kirchliche Protokoll gewisse Qualen auferlegen.

Marcel Pagnol ist am 28. Februar 1895 in Aubagne bei Marseille geboren. Aubagne liegt zu Füßen des Massif de l'Etoile an der Straße nach Toulon, nicht weit vom Meer entfernt. Unsere Kinder lernen den virgilischen Satz, mit welchem seine „Erinnerungen" beginnen, in der Schule auswendig: „Ich bin geboren in der Stadt Aubagne, am Fuß des ziegengekrönten Garlaban zur Zeit der letzten Ziegenhirten." Unser Prediger ist der Sohn eines der Mode und von Berufs wegen antiklerikalen Lehrers. Vater Pagnol ging aus dem staatlichen Lehrerseminar hervor, wo es damals durchaus zum guten Ton gehörte, daß man die Religion kritisierte und die Pfaffen nach Choralnoten fraß.

Die Pfarrer schwärzer malen als ihre Soutanen, die Kirche als Opium für das Volk hinstellen, das waren Programmpunkte im Lehrplan. Von dieser Schulung geprägt, blieben die weltlichen Lehrer den Pfarrhäusern fern. Es galt als unziemlich und der Beförderung abträglich, wenn man den Pfarrer grüßte oder auf dem Dorfplatz mit ihm plauderte. Unser ehemaliger Seminarschüler gab sich allerdings nur äußerlich als Pfaffenfresser. Joseph Pagnol wußte, daß die Religion, die er nicht ausübte, die wahre war. Und mochte er auch manchmal in die sektiererische Haltung der laizistischen Missionare der Republik verfallen, so ahmte er doch nie deren Grimassen nach. Lieber, wenngleich unbewußt und unausgesprochen, imitierte er das Lächeln der Kirchenengel.

Mit anderen Worten, er war ein anständiger und kluger Antiklerikaler.

Wie sein Vater, besuchte Marcel Pagnol zuerst die Primarschule, die „Laienschule", wie man sie nannte. Es folgte der Sprung ins Lyzeum und vom Lyzeum an die Universität. Merkwürdig, es heißt, niemand habe ihm das Lesen beigebracht. Er konnte lesen, ehe seine Eltern es überhaupt bemerkt hatten. Seine Zwiesprache mit der Natur lehrte ihn die wichtigsten Wörter. Er hörte sie in der Stille, denn die

Natur spricht leise. Schon als kleines Kind fesselte ihn das heimliche Wispern der Bäume und Blumen. Seine Neugier kletterte über die Hecke der Wörter, die er auf der Straße aufschnappte, um zu sehen, was sich dahinter verbarg. Ich stelle Ihnen daher heute keinen Prediger vor, der nur von Büchern zehrt. Ich stelle Ihnen einen Mann vor, der vom Leben predigt. Er kann über Gott sprechen, also kennt er ihn.

Zunächst eine Feststellung: Pagnol ist ein Christ. Er stellt sein Christentum nicht zur Schau, aber er wird es auch nie verheimlichen. Ich rechne ihn nicht zu denen, die Christen sind, ohne es zu wissen, denn Pagnol ist sich selbst kein Fremder. Wer die Freude an Gott in ihm finden will, der muß nur den Flußlauf seines Lebens zurückverfolgen. Ist dies nicht überhaupt der richtige Weg, um im Lauf unserer

Zeiten auf die seltenen Augenblicke unserer Weisheit und Reinheit zu stoßen?

Der Lehrerssohn aus Aubagne riecht gut nach den provenzalischen Tugenden, die grün sind wie die Olivenbäume und beladen mit dem ganzen Thymianduft von den Hügeln. Seine Liebenswürdigkeit, das kann ich bestätigen, drängt sich nicht auf; sie dringt ein. In Zuvorkommenheit, Herzlichkeit, Höflichkeit, diesen heutzutage so sehr vernachlässigten Eigenschaften, erweist sich seine christliche Nächstenliebe. Seine Güte ist unermüdlich. Seine Größe sucht nie das Rampenlicht; sie tritt in den Hintergrund. Pagnol schweigt, um die Provence sprechen zu lassen. Er wohnt in Paris, doch die Canebière bleibt sein Boulevard. Von Zeit zu Zeit hat er das Bedürfnis, den Boden seiner Heimat unter den Füßen zu spüren, das Land, wo Geist und Humor blühen. Sein Herz ist mit der mütterlichen Erde so stark verbunden geblieben! „Ich fühle mich überall wohl, doch nirgends lange“, pflegt er zu sagen. Seine Heimat ruft ihn. Pagnol hört sie. Er kehrt zurück und betrachtet sie, um sie besser zu bewahren. Banale Zerstreuungen sagen ihm nichts; lieber kehrt er zum Garlaban zurück und lauscht seinen Sagen, seiner Geschichte, seinen Erinnerungen.

Ich irre mich kaum, wenn ich behaupte, daß Pagnol, der Predigten schrieb, weniger Predigten gehört hat als die meisten anderen Leute. Wie aber, fragen Sie, kann einer dann vom Himmel sprechen? Aus eigener Erfahrung weiß ich, daß man, um gut über Gott zu sprechen, manchmal mit ihm zusammenkommen muß. Doch schließlich, warum sollte der Herr nicht auch Freude haben an Seelen, die sich seinem Herzen lieber auf heimlichen Besuchen anvertrauen? Vielleicht stehen sie ihm sogar näher als gewisse Getreue, die sich - aus Vorsicht - nach außen sehr treu geben und innerlich - aus Verlogenheit - so oft untreu sind.

Marcel Pagnols Predigten sind spontan, voll Wärme und Zärtlichkeit. Wir spüren, er spricht für uns. Er verstellt sich nicht, er ist ein echter Mensch, der mit einem echten Partner ein echtes Gespräch führt. Er spricht, ja, er käut nicht den ewig gleichen Refrain wieder, als habe man einen Leierkasten auf das Podest gehißt, das man die Kanzel der Wahrheit nennt. O nein, meine lieben Mitbrüder, Sie können sich die Bemerkung ersparen: Indem ich diesen Vergleich wage, ziele ich auch auf mich selbst. Für andere reden ist, wie ich häufig feststelle, in der Tat das beste Mittel, mit sich selber zu reden. Es ergibt sich daher ganz von selbst, daß ich hier die sicht- und hörbaren Mängel meiner eigenen Predigten aufs Korn nehme. Aber hüten wir uns vor Umschweifen!

Vielfach packen unsere Kanzelreden die Menschen nur deshalb nicht, weil sie nicht bei Christus einhaken. Die Gläubigen lassen das Wortgeplätscher über sich ergehen, weil ihnen nichts anderes übrigbleibt; doch Gott hören sie nicht. Sie spüren nicht die Frische der Quellen. Mit unseren weltmännischen Einfällen und akademischen Kniffen trüben wir die köstliche Klarheit der durch die Gnade erhöhten Natur. Warum zeigen wir uns auf der Kanzel mit geborgten Gesichtern, warum verwenden wir Rezepte - wir, die Wortführer des Wortes? Es wäre schön, wenn unsere Pfarrkinder mit einem Lächeln der Reue, ihre Bosheiten von Liebe umhüllt und umlagert, die Kirche verlassen könnten. Zeigen wir ihnen doch, wie sie die immer lauernde Verzweiflung ersticken, erschöpfen, vertreiben können; lehren wir sie, sich der Hoffnung zuzuwenden, der zurückkehrenden Liebe entgegenzublicken. Seien wir keine Pauke, sondern ein von innen heraus vibrierender Geigenboden. Geben wir den Ton der Harmonie an.

Pagnol weiß, wie man die Menschen zum Lachen bringt

und wie man sie rührt. Er hat ihre Herzen erforscht, indem er in sein eigenes Herz hinuntertauchte. Er kennt jede Reaktion seiner Mitmenschen bis ins letzte Detail. Er bleibt Volk, indem er Autor wird. Aus seinen seelischen Reserven holt seine Intelligenz Gedanken von erhabener Schönheit herauf, die manchmal, wenn der Mistral weht, in Humor übergehen. Der launige, gutmütig heitere Satiriker läßt seine Helden selbst dort die Wahrheit sagen, wo wir sie der Lüge verdächtigen. Davon abgesehen, lügt ein Marseiller nie: es ist die Sonne, die übertreibt!

Pagnols Scherze sind mit Knoblauchpaste gewürzt. Sie stammen aus der heimatlichen Gegend. Die muntere Fröhlichkeit, die seinen Geist beschwingt, bringt Leben in den kleinsten Spaß. Pagnol benutzt keine erdichtete Sprache. Verliebt wie er ist in die Redeweise der Marseiller, läßt er sie ungehemmt seine Werke durchdringen. Er hat recht. Sie trägt ja in sich jene überschäumende Freude, von der uns sein Genie zehren läßt. Würzig und feierlich zugleich ist diese Sprache, nicht wahr?

Wie wir alle wissen, hat der Dramaturg Pagnol sein Theater am Vieux-Port getauft, im Baptisterium zu Saint-Victor unweit vom Kai, wo nach Homers und Vergils Werken das Evangelium Jesu Christi landete - auf jener Schwelle, wo man sich, wie Rostand sagte, „nur dank der Mißverständnisse versteht“, wo man Französisch in allen Sprachen spricht, wo das Lachen glitzert, die Schlagfertigkeit zündet, wo die Schwänke nach Knoblauch riechen, aber niemanden überraschen. Hier bekommen Lärm und Lieder einen Namen, einen Zivilstand, Augen, eine Stimme: „l’estrambord“ - ewiges Fest des Lichtes, mitten im Gewühl das Auge entzückend und den Geist verzaubernd. Wen wundert es, daß Pagnol, ein Kind dieses wundervollen, lebensprühenden Volkes, eine Prosa schreibt, die zum Klang des Tamburins

und der Trommelflöte marschiert und deren Schritte in griechischem Rhythmus lateinisch tönen?

Mistral singt, Daudet erzählt, Giono deklamiert, Pagnol redet. Pagnol redet in Bildern und offenbart mit Worten die Schwingungen des Herzens. Seine Monologe verblüffen nicht, sie verführen. Seine witzigen Antworten sind nie altmodisch. Sie machen die Runde in den Straßen von Marseille, sie werden morgen noch und immer jung sein. Von den Fischweibern über die handtaschenbewehrten „Jungfrauen" – die kein Blatt vor den Mund nehmen – bis zu den Hafenarbeitern werden Sie die gleichen launigen Späße zu hören bekommen wie aus dem Mund von Marius, César oder Fanny. Das Publikum wird nicht müde, sich die „Trilogie" anzusehen, weil es dort Südfrankreich in dessen Akzent und Redensarten wiederfindet. Die Marseiller Witze haben es Pagnol zu verdanken, daß sie klassisch, französisch, universell geworden sind.

Der Dichter findet das Wort, das trifft, die Wendung, die hinreißt, die von Mutterwitz perlenden Aussprüche. Nie aber sind die Dialoge zwischen Marseillern unartig. Die „starken" Wörter sind für Südfranzosen „stubenreine" Wörter. Sie benutzen sie überall und jederzeit. Das verbale Ungestüm volkstümlicher Schlagfertigkeit wirft mit ihnen achtlos um sich. Sie flattern auf wie Grillen. Zum eigenen wie zu unserem Spaß lassen Pagnols Helden ihre derben Reden in den Bühnenscheinwerfern zünden. Der Akzent und der Glanz des Lächelns reinigen sie. In dieser Sprache gelten selbst die anrüchigsten Wörter nur als Interpunktion.

Man müsse „mit dem Klang der eigenen Stimme schreiben", sagt Malraux, und Sartre beweist, daß „der Schriftsteller ein Sprecher" ist. Auch Pagnol gehorcht diesen Regeln. Seine Inspiration unterwirft sich ihnen, seine Offenheit bejaht sie.

„Wir wissen nichts über die Gespräche zwischen Adam und Eva im Paradies, bevor es zum Dialog unterm Apfelbaum kam; doch eines ist todsicher: Seit jenem unseligen Tag sind wir alle im Reden bewandert." (Henri Bremond, „L'Inquiétude religieuse")

Und doch gibt es faule Prediger. Chamfort schrieb mehrere Predigten täglich und verkaufte sie den trägen Pfarrherren zu einem Louis das Stück. Nun, Predigten verfassen, die von anderen gehalten werden, kann keiner besser als der Dichter und Theatermann Pagnol. Das Theater kann eine Predigt sein. Die Predigt ist eine dramatische Handlung, ein Theatercoup, wo das Göttliche den Vorrang vor dem Menschlichen haben muß. Bossuet, Lacordaire, welch wunderbare Dramaturgen!

Auch wir schreiben nur zu oft Predigten für die anderen. Was Pagnol schreibt, das probiert er zuerst an sich aus, ohne sich selber zu predigen; erst dann gibt er es an andere weiter. Und wir? Erschlagen von einer „Abkanzelung", bemerkte Claudel eines Sonntags zu Mauriac: „Es ist doch unglaublich, daß das Christentum durch die Predigt verbreitet wurde!" Er spielte gewiß nicht auf Predigten à la Pagnol an.

Sie dürfen sich nun aber die Predigten des Lustspieldichters auf keinen Fall als lauter Ulk vorstellen. Sie tragen alle das Habit seines Theaters. Da gibt es keine Hanswurstiaden, nichts Burleskes; die handfeste Posse unterbleibt; dann und wann ein paar Bosheiten, doch nichts Unehrerbietiges; bisweilen Ironie, aber herzerwärmend; kein Kasernenhofjargon, keine Wachtstubensprache. Wenn Pagnol lustig sein will, dann ist er es auf natürliche Weise, mit Humor, ohne jemals auszuarten oder vulgär zu werden. Gewiß, an Kritik mangelt es nicht, doch sie ist von der Weisheit diktiert.

Und Marcel Pagnol faselt nicht auf der Kanzel. Er zwingt

die Sünder zur Einkehr; er schüttet das Erbarmen und das Verzeihen Gottes in die Herzen. Wie ein Bauer seine Erbsen aushülst, so flink und geschickt bricht er seinen Wortschatz auf und flicht seine Sätze im Mistralwind. Er predigt schlicht, stark, christlich. Seine Homilien sind nicht von der Art, die unsere Tugend ermüdet, damit uns vor dem Laster ekle. Sie reizen uns, sie wecken uns, damit unser Geist sich weiter öffnet und die Saat besser aufnehmen kann. Pagnol überzeugt, weil er überzeugt ist. Die Gedanken, die er ausspricht, hat er erlebt; deshalb spricht er nie umsonst und predigt nicht in der Wüste.

Er befolgt den Rat Lacordaires: „Er nimmt seine Seele und schüttet sie in die Seele seiner Zuhörer", schonungslos. Und er spricht die Sprache der Hügel, einfach, vertraut, volkstümlich, eine aus den Tiefen des menschlichen Herzens geborene Sprache, deren Wörter sich nie abnutzen, weil sie so bescheiden und sachlich sind. Er nimmt die Zuhörer nicht bei der Hand, sondern beim Herzen. Er identifiziert sie weder mit den Heiligen im Paradies noch mit den Teufeln in der Hölle. Den provenzalischen Pfarrern legt „unser Molière“ Predigten in den Mund, die in ihrem würzigen Stil der Lektionen eines Theologen würdig sind.

Pagnols Kunst besteht darin, daß er das Reale mit dem Idealen in erdnahen Sätzen zu verschmelzen und mit lebendigen Bildern zu illustrieren versteht. Die Zuhörer spüren: Hier wird wahrhaftig für sie gepredigt. Mit Appetit verzehren sie die kräftige Kost und machen sie sich mühelos zu eigen. Die Sprache seiner Schäflein sprechen, das ist das Geheimrezept des guten Predigers. Laßt uns also der frommen Phraseologie, der salbungsvollen Rhetorik einen kräftigen Schlag mit dem Weihwedel versetzen! Sprechen wir von der Religion, wie die Menschen von den Ereignissen sprechen, von ihren Freuden, ihren Kümmernissen, ihrem Alltag; dann wird sich unser Wort in die Wirklichkeit einprägen. Schrecken wir nicht vor dem Gebrauch bodenständiger Wörter zurück, jener „schlichten, alltäglichen Wörter, die in unseren Häusern geboren sind aus dem vertrauten Tagewerk, den naiven Märchen, den volkstümlichen Liedern, den geflüsterten Zärtlichkeiten“.

Wenn sie Marcel Pagnol zuhört, hört die Provence ihre eigene Stimme und schaut ihrem eigenen Leben zu. Pagnols Pfarrer reden nicht wie Tribunatsmitglieder, nicht einmal wie Abgeordnete; sie sagen ganz einfach die Wahrheit. Sie sind da, um Gutes zu tun, und nicht, um sich einen Glorienschein von Beredsamkeit um die Stirn zu winden oder um die Stimmbürger zu verwirren. „Wann wird man sich in Frankreich entschließen, die Predigt vom Standpunkt des Konsumenten aus zu betrachten?“ fragte Claudel.

Ist die Predigt gut, so muß die ganze Versammlung mitmachen. Lassen wir die Finger von erhabenem Gerede, diesem unwiderstehlichen Betäubungsmittel! Die Diener des Wortes müssen auf den Wortreichtum verzichten lernen. Das Schweigen kann beredt sein. Man sage ungeziert und unmanieriert, was man zu sagen hat, und wenn es gesagt ist, soll man verstummen. Das Sonntagsauditorium besteht aus Freiwilligen; sorgen wir dafür, daß es gern wiederkommt. Versperren wir ihm nicht die Straßen zu Gott durch Ansprachen, deren Schluß kein Ende nehmen will!

Man muß reden, um verstanden zu werden. Pagnol bringt das mühelos fertig. Die Predigten des Augustinus wurden von den Berberbauern von Hippo und den Seeleuten von Karthago nicht immer verstanden. Sie verwechselten zum Beispiel die Wörter „dolus“ und „dolor“. Es wird erzählt, sie hätten den wackeren Nathanael „in quo dolus non est“ für einen gesunden Mann gehalten, der keinen Arzt brauchte. Mein Rhetoriklehrer empfahl mir, nie mehr als zwei oder drei dem Zuhörer unverständliche Wörter in meine Predigten einzuflechten; „aber“, fügte er hinzu, „die dürfen Sie auf keinen Fall vergessen, wenn Sie wollen, daß Ihre Predigt vom Volk geschätzt werde“.

Nachdem Franz von Sales einen berühmten Prediger gehört hatte, fragte er einen Bauern, ob ihm die Predigt gefallen habe.

„Sie war wunderbar“, antwortete der Mann.

„Und hast du verstanden, was er gesagt hat?“

„Ich? Ich habe kein Wort verstanden.“

„Aber wie . . . “

„Ach, Monseigneur, ich fand es wunderbar, daß ich nichts verstand. Es gab mir einen so hohen Begriff von den Geheimnissen unserer heiligen Religion . . . “

Die Antwort gibt Jean Guittons Amme recht, die einmal

erklärte: „Dieser Herr Pfarrer predigt nicht so gut wie der andere. Ich habe alles verstanden“ (Jean Guitton, „Livres d'Heures“). Sind wir zu leicht verständlich, so wirken wir nicht gelehrt; das Volk aber will, daß wir gelehrt seien. In der Sakristei einer Kirche im Rouergue-Gebiet war ich einmal Zeuge eines Gesprächs zwischen einer alten Frau und einem jungen Pfarrer. Der Geistliche hatte auf der Kanzel erklärt, weshalb die Kirche die Scheidung ablehnt. Die gute Frau konnte nicht begreifen, warum die Ehe unauflöslich sein sollte. Umsonst wiederholte der Pfarrer seine Erklärungen. Die Alte ließ nicht locker. Schließlich rief der Pfarrer gereizt: „Madame, das ist nun einmal die Konsequenz der Inkongruenz der Jurisprudenz der Gesetzespandekten der Sancta Rota Romana!“ – „Ach so“, sagte das Weiblein; „ja, dann tut es mir leid, Herr Pfarrer, aber das hätten Sie eben gleich sagen sollen.“

Wie außergewöhnlich klingt auch das Lob, das mir nach einem Hochamt zu Ohren kam: „Dieser Pfarrer spricht gut, man sieht, daß er redet, ohne zu denken.“ - Der Bauer wollte damit sagen:

„Was gut erfaßt, drückt gut sich aus,
Und es zu sagen, fallen leicht die Worte . . . “

Klarheit und Schlichtheit kennzeichnen Pagnols Predigten. Er spricht eine Sprache, die den Gläubigen vertraut ist. Welch eine herrliche Aussaat von lichten Gedanken, begleitet von den Samenkörnern der Nächstenliebe! Dem Moralisten geht es weniger darum, die Tugend zu lehren, als sie seinen Zuhörern begreiflich zu machen. Er mutet ihnen keine Predigten in drei Teilen mehr zu. Einer war ohnehin immer zu viel. Über dem letzten vergaß man den vorletzten. Unsere Ansprachen bestanden aus Armeen von Divisionen, hinter denen sich Regimenter von Subdivisionen nebst Bataillonen von Zahlen verbargen. Der Redner kündete sozu-

sagen im Taktschritt die Ideen an, die da kommen sollten: erstens, zweitens, drittens, viertens . . .

Danach legte er dar, auf welche Weise sie sich einstellten, und er endete mit der Feststellung, daß sie gekommen waren. Doch zwischen Auftakt, Ankunft und Abmarsch vergaß der Zuhörer, woher sie kamen und welchen Weg sie genommen hatten, ehe sie mitten im „Kampfgetümmel des Geschwafels“ landeten, wo sich der sprachliche Fehler mit dem Unsinn verbündete unter Blitz und Donner bis zum unendlichen Frieden und dem Amen, das sich dem Prediger entzog in dem Maß, als er versuchte, es einzufangen. Die Kanzelrhetorik ist tot: Friede ihrer Asche!

Durch das Wort weckt Pagnol im Menschen das Bedürfnis, sich auf sich selbst zu besinnen, seine Seele zu retten, anstatt sich aus der Kirche zu retten, ehe die Predigt zu Ende ist. Die Zuhörer denken nach, sie langweilen sich nicht. Die Weisheit der Argumente beunruhigt die Schatten. Erbarmungslos rüttelt die Logik der Beweisführung die schlafenden Gewissen auf.

Bernanos läßt seinen Landpfarrer sagen: „Wenn man uns so zuhört, könnte man allzu oft auf den Gedanken kommen, wir redeten vom Gott der Spiritualisten, vom höchsten Wesen, was weiß ich, jedenfalls hat es nichts mit dem Herrn zu tun, wie wir ihn kennengelernt haben: dem wunderbaren, lebendigen Freund, der unter unseren Kümmernissen leidet, den unsere Freude bewegt, der an unserem Todeskampf teilhaben und uns aufnehmen wird in seine Arme, an sein Herz.“

Gott erwischt die Seelen durch das Herz. Das weiß Pagnol. Er hat sich oft genug erwischen lassen, selbst hinterrücks. Als guter Spieler hat der Schöpfer des Marius immer Herz in seinem Spiel. Er spielt Herz und gewinnt. Beim Lesen seiner Predigten werden Sie feststellen, daß das Herz die Dogmen und die Moral ablöst. Die Liebe stirbt nicht mit den Armen. Teilhard de Chardin sagte richtig: „Was wir brauchen, das ist kein Nahkampf der Leiber, sondern ein Nahkampf der Herzen.“

Ein Pastor fragte den englischen Schauspieler Garrick: „Wie kommt es, daß ihr mit eurer Dichtung eine solche Wirkung erzielt, während wir mit unseren lebenswichtigen Wahrheiten so wenig Erfolg haben?“ Darauf Garrick: „Ihr sagt uns eben die Wahrheiten so, als ob sie Dichtung wären, während wir unsere Dichtung deklamieren, als wäre sie Wahrheit.“ Eine gute Lektion! Sie öffnet uns die Wege zum richtigen Denken und zum richtigen Reden. Beides ist für den, der die Seelen erreichen und ergreifen will, als Werkzeug unerläßlich. Und beide Instrumente sind in Reichweite. Ja, doch in „La Gloire de mon Père“ lese ich die Mahnung: „Im Werkzeug steckt etwas Boshaftes: sobald es merkt, daß man es sucht, versteckt es sich.“ Ich sehe, das tut es auch jetzt. Deshalb will ich Ihre Geduld nicht länger auf die Probe stellen, sondern Sie dem Prediger Pagnol überlassen. Für viele von uns bleiben die Instrumente unerreichbar – unser Gewissenserforscher Pagnol aber, der von Gott sagt, er sei „für Herz empfänglich“, hat sie immer zur Hand. Hören Sie ihm zu!

Die Predigten Marcel Pagnols sind seinen Filmen oder Theaterstücken entnommen. Ich veröffentliche sie nachstehend in der Reihenfolge ihres Erscheinens im Buchhandel. Jede Predigt ist mit einem kurzen erläuternden Vorwort versehen. Der Kommentar sei dem Leser überlassen.

P. Norbert Calmels

Jede Frau braucht den Guten Hirten

♦

In einer kleinen Gemeinde bei Marseille ist vor kurzem ein junger Priester als Pfarrer eingesetzt worden. Das Dorf ist in hellem Aufruhr. „Die Frau des Bäckers“ ist verschwunden. Der Skandal erregt die Gemüter. Die Klatschmäuler schnattern drauflos. In dieser ganzen Geschichte erblickt der junge Pfarrer ein Zeichen von oben. Er versäumt es nicht, in seiner nächsten Sonntagspredigt eine Lehre daraus zu ziehen.

♦

Und jetzt, meine lieben Freunde, komme ich auf ein kleines Ereignis in unserem Dorf zu sprechen, das für unsere geliebte Gemeinde eine gewisse Bedeutung haben dürfte. Wohl oder übel habe ich mir die Kommentare unserer weiblichen Pfarrkinder anhören müssen, sie redeten ja noch unter der Kirchentür vom Skandal des Tages, und alles – ihre Stimmen, ihr Tonfall, ihre Gesichtsfarbe – verriet ihr leidenschaftliches Interesse an diesem Ärgernis.

Doch nein, meine Freunde, nein! Dieser bedauerliche Vorfall darf nicht euer ganzes Denken beschäftigen. Mir scheint nun aber, daß alle meine Schäflein über die unglückliche Sache Bescheid wissen, und deshalb komme

ich heute darauf zurück, nicht aus Freude am Klatsch, denn die wohnt, wie ihr wißt, nicht in meinem Herzen, sondern um daraus vielleicht eine nützliche Lehre zu ziehen.

Als mir der hochwürdigste Herr Bischof die Ehre erwies, diese Pfarrei in meine Obhut zu geben, bemerkte ich gleich nach meiner Ankunft, daß sich zum Hochamt am Sonntag weniger Gläubige einfanden als zu den Frühmessen an den Wochentagen. Das überraschte mich schmerzlich. Dann aber gestanden mir mehrere weibliche Beichtkinder, sie kämen am Sonntag nicht zur Kirche, weil ihre Ehemänner es ihnen verboten hätten, und am Sonntagmorgen spielten die Männer immer Boule vor dem Gotteshaus, so daß sie ihre Frauen beim Kirchgang ertappen könnten – während die furchtsamen Lämmchen an gewöhnlichen Tagen ungesehen herkommen können, um beim Guten Hirten ihre Zuflucht zu suchen.

Heute, Freunde, ist euch ein Zeichen gegeben, eine Lektion. Jene Frau, die davonlief, jene Frau, die einen anständigen, fleißigen Mann verlassen hat, einen Mann, vor dem wir alle große Achtung empfinden, jene Frau – sie weilte immerhin ein paar Tage lang unter uns – hat kein einziges Mal die Messe besucht. Hoffen wir, daß Gott in seiner gewohnten Güte sie bald mit Abscheu vor ihrer Sünde erfüllt, daß sie diese Zeit ihres Lebens bereuen und eines Tages tilgen werde durch die Beichte, die Reue und das Gebet.

Einen wichtigen Punkt aber wollen wir nicht aus den Augen verlieren! Ihr tyrannischen Ehemänner! Ihr gottlosen, ihr blinden Ehemänner, ihr seid zwar nicht hier, doch meine Worte werden euch erreichen. Möge euch diese Tragödie zur Lehre gereichen. Wißt, daß jede Frau einen Hirten braucht. Denn wenn ihr die schwachen Schäflein hindert, beim Hirten ihrer Seelen Schutz zu suchen, dann werden sie sich eben mit einem Schafhirten davonmachen, einem vom Herrn verfluchten Hirten, einem Hirten, der das Herz der unschuldigen Lämmer verschlingt. Hat also dieser gemeine Räuber wenigstens bewirkt, daß ihr euch endlich auf eure Pflichten besinnt, so möchte ich behaupten, der Skandal sei eine große Wohltat für die Pfarrei.

Der grosse Brunnenmeister

Im Film „Manon des Sources“ wirkt diese lange Predigt kurz. Sie besticht durch eine eindrucksvolle Analyse der Christen, die den lieben Gott aufsuchen, wenn sie seine Hilfe brauchen. Dank der bildhaften Vergleiche fällt es dem Prediger nicht schwer, die Gründe darzulegen, aus denen Gott sich von den Menschen abwendet. Der Rahmen jedes Bildes ist die Moral, sein Inhalt ist das Dogma. Die Theologie des Gebets, der Reue, der Danksagung wird uns hier in konkreter Form erläutert. Unser Weg zu Gott führt durch irdische Pfade.

Henri Agel schreibt in „Le Prêtre à l'Écran“ mit Recht: „Wir müssen Marcel Pagnol dafür danken, daß er dieses mystische Drama so spürbar ins Geistige verlängert hat, daß die ganze Geschichte bei all ihrer Derbheit eine erhabene und feierliche Dimension annimmt. Gewiß, in der Art, wie der Autor dem predigenden Pfarrer das Pseudowunder der wiedererweckten Wasserquelle (dessen durchaus natürliche Ursachen wir ja kennen) als nützliches Argument in den Mund legt, steckt etwas Maliziöses, doch sogar darin kann man etwas anderes spüren als nur eine List, die einem frommen Machiavellismus zuzuschreiben wäre.

Und eben hier dringen wir nun tiefer in das Geistige ein als mit „Don Camillo“. Ja, wir möchten sogar behaupten, Pagnol verrate ein feines Empfinden für das auf die Vorsehung ausgerichtete Denken eines Stellvertreters Gottes, wenn er seinen Helden sagen läßt, auch wenn das Versiegen des

Wassers eine materielle, menschlich erklärliche Ursache habe, so sei doch ein weit tieferer Sinn darin zu suchen; es zeuge von einem göttlichen Eingreifen in die Gemeinschaft, die einen solchen Schock dringend nötig habe, damit sie ihre Fehler und ihre Pflichten erkenne."

♦

Brüder,
ich bin sehr froh, jawohl, sehr froh, euch alle hier in unserem Kirchlein versammelt zu sehen. Die ganze Pfarrei ist da. Ich sehe sogar ein Grüpplein von sehr gescheiten – vielleicht zu gescheiten – Leuten, die die Zeit der Sonntagsmesse für gewöhnlich auf der Terrasse eines Cafés absitzen, ich sage nicht welches Café, es gibt ohnehin nur eines – und ich will sie auch nicht beim Namen nennen, wo schon jeder sie anschaut, was ihnen eigentlich peinlich sein sollte, wären ihre Herzen nicht so verhärtet, daß sie es lustig finden.

Nun gut, sie sind gekommen, also seien sie willkommen. Ich will ihnen sogar verraten, daß ich die Messe heute speziell für sie gelesen habe.

Wie gesagt, ich freue mich sehr, die vielen Leute zu sehen. Auf der anderen Seite aber bin ich äußerst betrübt, entsetzt, wütend, und ich werde euch gleich sagen, weshalb.

Als ich jung war (mein Vater war ein Bauer wie ihr, in einem kleinen Weiler bei Sistero), hatten wir einen Vetter, der hieß Adolphin. Er wohnte in einem anderen Dorf, nicht sehr weit von uns entfernt, er besuchte uns aber nie, weder an den Festtagen noch wenn ein Kind zur Welt kam, ja, nicht einmal, wenn jemand starb. Von Zeit zu Zeit jedoch, etwa einmal im Jahr, hörte ich meinen Vater sagen: „Sieh mal an, da kommt der Adolphin daher. Er wird wohl wieder etwas von uns haben wollen!"

Der Adolphin kam also im vollen Sonntagsstaat den Hang herauf. Er tat furchtbar freundlich, machte uns Komplimente und redete von Familie und so, daß einem die Tränen kommen konnten. Dann, beim Abschied, nachdem er uns alle der Reihe nach geküßt hatte, sagte er: „Übrigens, Félicien, hättest du nicht zufällig einen alten Pflug? Ich habe meinen an einem Baumstrunk kaputtgefahren."

Ein andermal war es ein Bündel Reben zum Pfropfen – der Wein aus dem Rebberg meines Vaters war berühmt –, oder sein Pferd hatte die Kolik, und man mußte ihm den Maulesel leihen. Mein Vater verweigerte ihm nie etwas, aber oft hörte ich ihn sagen: „Der Adolphin, das ist mir eine Nummer!"

Freunde, was ihr heute dem lieben Gott antut, das ist wie die Sache mit dem Adolphin. Er kriegt euch fast nie zu sehen, und auf einmal kommt ihr alle daher mit gefalteten Händen und feuchten Augen, triefend von Reue und Frömmigkeit. Ihr seid mir die Rechten, ihr Adolphine! Bildet euch beileibe nicht ein, der liebe Gott sei treuherziger als mein armer Vater und habe euch nicht bis in den hintersten Winkel eurer kleinen Heuchelei durchschaut! Er, der liebe Gott, weiß ganz genau, daß etliche

unter den Anwesenden nicht gekommen sind, um ehrlich Buße zu tun oder um für die Seelenruhe ihrer Toten zu beten oder um auf dem Weg ihres ewigen Heils einen Schritt voranzukommen!

... Er weiß genau, daß ihr hier seid, weil die Quelle nicht mehr fließt!

Einige unter euch fürchten für ihren Garten, andere für den Acker, andere für die Schweine; wieder andere wissen nicht mehr, was sie in ihren Pastis tun sollen. Die Gebete, die ihr Gottes Ohr zumutet, sind Gebete für die Bohnen. Vaterunser für die Tomaten, Hallelujas für die Kartoffeln, Hosiannas für die Gurken. Wißt ihr was? Es sind lauter adolphinische Gebete! Und so was kann nicht bis in den Himmel hinaufsteigen, weil es so wenig Flügel hat wie ein gerupftes Huhn.

Also, diese Quelle, über die müssen wir jetzt ein ernstes Wort miteinander reden. Ich denke, offen gestanden, seit gestern an nichts anderes, und ich stelle mir fortwährend die gleiche Frage: Warum ist dieses so reine, so üppig und beständig fließende Wasser versiegt, und zwar ausgerechnet dann, als wir seiner am meisten bedurften? Als Antwort auf das Gesuch des Herrn Bürgermeisters, dessen Telefon einmal mehr Wunder bewirkte, hat uns der Staat einen jungen Ingenieur geschickt. Der ist zweifellos ein gelehrter Mann. Man hat eine Sitzung des Gemeinderats einberufen, und ich weiß ziemlich genau, was dort alles gesagt worden ist. Als erstes hat der technische Experte jedermann mit kilometerlangen Wörtern übergossen. Danach hat er mit viel Sachkenntnis erklärt, vielleicht komme das Wasser wieder und vielleicht komme es nicht wieder. Und dann hat er allen empfohlen, ihren Hausrat auf die Karren zu laden und sich woanders niederzulassen . . .

Nichts weiter! Einfach so!

Aus den Häusern, in denen ihr geboren seid, fortziehen, die Felder verlassen, in die eure Väter und Großväter so viel Mut und Geduld eingegraben haben, diese Kirche verlassen, in die ihr auf den Armen eurer Paten zum erstenmal gekommen seid und in die ihr alle eines Tages zu eurer letzten Messe kommen werdet – ja, alle, dort vor dem Altar auf zwei Holzböcken – alle! Weil ihr im Augenblick, da ihr vor dem höchsten Richter erscheint, mehr denn je Adolphine seid . . .

Unseren kleinen Gottesacker im Stich lassen, wo ihr mehr Freunde habt als unten im Dorf und wo ihr eines Tages im Frieden des Herrn ruhen werdet, in den Schlaf gesungen von den Grillen, die drüben an der Mauer den Zuckerharz aus den Aprikosenbäumen saugen . . . Ja, all das, sagt er, sollen wir verlassen, weil seine armselige Wissenschaft kein einziges Mittel kennt, um uns zu retten. Ich, meine Freunde, ich glaube diesem Gelehrten nicht, weil ich den Ingenieuren mißtraue. Sie sind Leute, die alleweil nur pickeln und nichts als Pfeiler pflanzen. Unser Fachmann hat auch nur von Lehmschichten geredet und von Siphons, die sich entleeren, und von Lastwagen, die viel Geld kosten. Kurz, er hat nur von der Mate-

rie gesprochen, und er konnte auch gar nicht anders, weil er nichts anderes kennt.

Ich aber habe unser Unglück von einem weit höheren Standpunkt aus betrachtet; ich habe mir überlegt, daß man, um es zu erklären und um zu bewirken, daß uns das Wasser zurückgegeben wird, über die sichtbaren Dinge hinausgehen muß. Denn in dieser Welt, die der Allmächtige erschaffen hat, hat alles einen Sinn, und alles hängt zusammen, und keine einzige Grille singt ohne Gottes Erlaubnis. Deshalb ist das, was wir zu begreifen versuchen und was wir finden müssen, nicht der materielle Unglücksfall, der unsere schöne Quelle zum Versiegen gebracht hat; wir müssen vielmehr nach dem Grund forschen, weshalb Gott dieses Unglück zugelassen und vielleicht gewollt hat.

In einem weltlichen Buch – es war eine griechische Tragödie – las ich einmal die Geschichte der unglückseligen Stadt Theben. Die wurde von einer schrecklichen Pest heimgesucht, weil ihr König ein paar Verbrechen begangen hatte, und jetzt stelle ich mir die Frage: Gibt es vielleicht einen Verbrecher unter uns? Ganz unmöglich wäre es nicht. Die größten Verbrechen sind nicht die, die in den Zeitungen erscheinen. Viele bleiben vor der menschlichen Justiz verborgen, der liebe Gott aber kennt sie alle.

An diesen unbekannten Verbrecher, sofern es ihn gibt, will ich mich heute als erstes wenden, und ich will ihm sagen: „Mein Bruder, es gibt keine böse Tat, die nicht verziehen, kein Verbrechen, das nicht gesühnt werden könnte. Aufrichtige Reue löscht alles aus, und unser Herr Jesus Christus hat persönlich das erstaunliche Wort gesprochen: ‚Es wird im Himmelreich mehr Platz sein für einen reuigen Sünder als für hundert Gerechte!‘ Was immer du Böses getan hast, was immer du verschuldet haben magst, versuche es wieder gutzumachen und bereue deine Tat. Du wirst gerettet werden, und unsere Quelle wird wieder sprudeln, schöner denn je.“

Wenn ich nun so darüber nachdenke (ich sage euch diese Dinge, wie sie mir gerade durch den Kopf gehen), so scheint mir aber, daß der gerechte Gott der Christen – der unsrige – niemals so viele Menschen wegen des Verbrechens eines einzigen bestrafen würde. Mit anderen Worten: Wenn wir keinen großen Verbrecher unter uns haben, so begnügen wir uns vielleicht mit mehreren kleineren Schuldigen. Ich will nicht Mörder sagen, ich meine Sünder, die gemeinsam oder einzeln eine gewisse Anzahl böser Handlungen begangen haben. Aus diesem Grund fordere ich euch alle auf, euer Gewissen zu erforschen. Aber nicht einfach ruckzuck auf dem Bettrand beim Schuhausziehen, nein, auf den Knien! So geht das Nachdenken viel besser. Und dann fragt ihr euch: „Habe ich Böses getan? Wo? Wann? Wie? Warum?“ Und ihr schaut genau hin, ganz genau, mit blankgeputzter Brille wie die Großmutter, wenn sie den Kleinen laust. Und wenn ihr mit der Inspektion fertig seid, dann sollt ihr Gott sagen, daß es euch leid tut; und um ihm eure Aufrichtigkeit zu beweisen, werdet ihr zur Beichte kommen. Diejenigen, die sich schämen – oft ist es nur falsche Scham, was die guten Regungen lähmt –, die können durch die Sakristei oder sogar durch den Garten kommen mit einem Paket unterm Arm, als brächten sie mir ein Dutzend Eier (unter uns gesagt, ich nehme sie gern entgegen, ich brauche dringend welche), oder mit dem Werkzeugkasten, als ob ihr bei mir etwas ausbessern müßtet (jetzt gerade ist das Ablaufrohr verstopft, und Mariette hat eine drei Meter lange Weidenrute hineingestoßen, die ich nicht mehr herauskriege).

Ich werde euch die Beichte ganz ohne Umstände abnehmen, denn eine gute Beichte kann ohne weiteres bei

einem Glas Weißwein beginnen. Das, was zählt, meine Brüder, ist die Aufrichtigkeit, die Reue. Der Mensch soll seinen Verfehlungen direkt ins Gesicht schauen und danach Gott um Verzeihung bitten. Er tut nichts lieber als verzeihen.

Jetzt aber – je länger ich rede, um so mehr fällt mir zu dem Thema ein, deshalb verfolge ich schon wieder einen neuen Gedanken – gibt es unter uns vielleicht gar keine wahrhaft Schuldigen, will sagen Leute, die wirklich etwas Böses getan haben. Doch wie viele von euch haben etwas Gutes getan?

Seht ihr? Hier ist vielleicht der springende Punkt! Meine geliebten Brüder, ihr seid keine Brüder! Ich habe euch arbeiten, lachen, Witze reißen sehen, aber noch nie habe ich erlebt, daß einer von euch hingegangen wäre und aus reiner Freude die verlotterten Reben der Witwe oder der Waise aufgebunden hätte ... Im Gegenteil. Mein Vorgänger, der gute Abbé Signole, hat mir die schlimme Sache mit der „Riß-Burg" erzählt, an die ich euch heute erinnern möchte.

Eines schönen Tages kam aus der Stadt (natürlich) ein Grundstücksmakler (noch ärger als die Ingenieure). Er hatte unten am Hang eine Ruine gekauft. Man nannte sie die „Riß-Burg", weil sich in den Mauern Spalten befanden, die so groß waren, daß man den Arm hindurchstecken konnte. Der Makler machte ein neues Dach, besserte die Risse mit Gips aus und überzog alles mit einem sehr hübschen Mörtelbewurf. Darauf erwarb ein Rentner – ebenfalls aus der Stadt – die Burg für teures Geld und nannte sie „Villa Monplaisir". Kurz danach zog der Abbé Signole hierher. Er wußte nichts von der Sache, nicht wahr? Er fragte sich nur, weshalb jedesmal, wenn von der Villa Monplaisir die Rede war, alle Einheimischen lachten, und zwar vor allem die Maurer.

Eines schönen Tages beschloß nun also der Rentner, der an Größenwahn litt, in seinem Haus zu baden. Er kaufte eine Pumpe für die Zisterne, Rohre, eine Badewanne; außerhalb wollte er auf dem Dachboden einen großen Wasserbehälter errichten lassen. Die Maurer kamen und konnten sich kaum halten vor Lachen. Sie installierten den Wasserbehälter, einen Behälter aus

Zement, der über tausend Liter Wasser faßte. Dann sagten sie dem Rentner, das Ding müsse trocknen, es sei besser, er fülle den Behälter nicht vor übermorgen nachmittag um vier.

An jenem Tag war das ganze Dorf auf der Straße, und alle gafften die Villa Monplaisir an, als wären sie im Zirkus. Der Rentner hatte seine Pumpe bereits in Gang gesetzt und rauchte seine Pfeife am Fenster im ersten Stock mit einem Gesicht, als fragte er sich, was die vielen Leute von ihm wollten. Er hat es nie erfahren, denn um halb fünf ist ihm Monplaisir auf den Kopf gefallen, und tags darauf hat man ihn begraben.

Und das finden sie lustig! Herr, vergib ihnen, denn sie wissen nicht, was sie tun!

Ihr alle habt Schuld am Tod jenes guten Mannes. Die ersten Schuldigen sind der Baumeister und die Maurer. Aber all jene, die Bescheid wußten und den Mann trotzdem nicht warnten, haben vielleicht noch größere Schuld auf sich geladen … Die Maurer wollten zwei Tage länger arbeiten, der Baumeister wollte ein bißchen mehr Geld verdienen … Das ist keine Entschuldigung, aber es war zumindest ein Grund. Ihr aber, was hattet ihr für einen Grund, den Mund zu halten? Ich kann mir keinen anderen denken als angeborene Grausamkeit.

Was ihr braucht, das ist keine Pfarrer, sondern ein Missionar. Ihr werdet ihm wiederbegegnen, jenem Rentner. Nicht hier, sondern im Himmel. Und was ihr von ihm zu sehen bekommen werdet, das wird nicht etwa seine arme Seele sein, denn die ist hoffentlich im Paradies und raucht Wolken aus einer diamantenen Pfeife … Was ihr seht, das wird sein Leib sein, in der Waage des heiligen Petrus, und zwar auf der falschen Seite der Waage. Ich will euch sagen, so eine arme, alte Leiche, die von oben bis unten von Lachsalven durchlöchert worden ist, als hätten die Hühner daran herumgepickt, so was wiegt schwer! Denkt darüber nach und geht in euch, solange noch Zeit ist . . .

Ich weiß, ihr wundert euch und sagt euch jetzt im stillen: „Aber ich war es doch nicht, der diesen Bottich installiert hat! Nicht ich habe damit Geld verdient! Ich mische mich nicht in die Angelegenheiten anderer Leute, drum kann man mir auch nichts vorwerfen!" Ha, da irrt ihr euch aber! Man muß sich sogar in die Angelegenheiten der anderen mischen, und zwar um diesen anderen zu helfen, und das nennt man christliche Nächstenliebe. Denn seht ihr, wenn man von Gott geliebt werden will, dann genügt es nicht, daß man nichts Böses tut; die Tugend besteht nicht darin, daß man schweigt, die Augen schließt, sich nicht rührt. Tugend heißt handeln, das Gute tun. Dazu haben wir nicht eben viel Gelegenheit.

Liegt also eine gute Tat vor euch, fixfertig verpackt und versandbereit, direkt vor eurer Nase, so hat Gott sie euch geschickt. Wer da nicht auf das Trittbrett springt, sondern davonspaziert, die Hände in den Hosentaschen, der ist ein armer Trottel, er hat den Zug verpaßt. Leider muß ich sagen, daß euch das oft passiert, und vielleicht

ist es dieser Mangel an Großmut, an Brüderlichkeit, an Nächstenliebe, der euch heute so teuer zu stehen kommt.

Wißt ihr, was der Brunnenmeister macht, wenn man den Wasserzins nicht bezahlt? Er kommt mit seinem großen Schlüssel und dreht euch das Wasser ab. Drum bezahlt ihr regelmäßig auf dem Gemeindeamt. Was bezahlt man aber auf dem Gemeindeamt? Man bezahlt die Leitung, den Anschluß, den Kontrolleur. Das Wasser aber, das hat nicht das Gemeindeamt gemacht, das muß man Gott bezahlen mit Danksagungen und Gebeten und guten Werken. Ich vermute, ihr seid mit einer ziemlich hohen Rechnung im Rückstand, und deshalb hat euch die himmlische Verwaltung den Wasserhahn zugeschraubt.

Mit Jammern ist es jedoch nicht getan. Man muß etwas unternehmen. Ich schlage euch für den kommenden Sonntag eine Bittprozession vor, um die Fürsprache des heiligen Dominikus zu erlangen, dessen wertvolle Freundschaft von unseren Gläubigen kaum geschätzt wird: Er bekommt im Monat keine drei Kerzen zu sehen! Dennoch vertraue ich auf seine Güte. Er hat in seinem irdischen Leben mehr als ein Wunder vollbracht; stellt euch vor, was er heute vom Himmel herab vollbringen kann! Wir werden ihn übermorgen auf den Tragschild heben und durch unser Elend tragen, ich meine damit unsere verdurstenden, verstaubten Felder . . .

Ich hoffe, der Anblick unserer welkenden Ernten, der für uns so qualvoll ist, werde für ihn nicht minder schmerzlich sein, und er werde ein gutes Wort für uns einlegen, wie er es immer getan hat bei Gott, unserem Herrn. Ich erteile also den Marienkindern sowie den grauen Büßern die Aufgabe, den Tragschild des heiligen Dominikus, die Kerzen, die Gewänder und den Blumenschmuck bereitzustellen.

So werden wir alle zusammen unter den Fahnen der Pfarrei unsere Felder abschreiten, die am Verdursten sind. Und wenn ihr euch in den Zug eingereiht habt, wenn alles still ist bis auf die ferne Glocke und das Zirpen der Grillen und das Geräusch unserer Schritte, dann werdet ihr demütig und aufrichtig eure Selen zu Gott erheben. Denn bei einer Prozession zählen nicht die Fahnen, sondern die reinen Herzen, ja, es gibt etwas, das ist sogar noch wertvoller als ein reines Herz, und das sind die gereinigten Herzen … Und wenn auch nur ein einziger unter euch (es wäre ja zu schön, wenn ich auf alle zählen könnte), wenn auch nur einige unter euch sich im Innern feierlich verpflichten, wenigstens ein gutes Werk zu vollbringen oder etwas Böses, das sie vielleicht getan haben, wieder gutzumachen, dann bin ich persönlich überzeugt, daß der Große Brunnenmeister, der euch das Wasser abgestellt hat, nur auf eure Reue wartet, um es euch wiederzugeben.

Busse statt Strafe

♦

Diese kurze Ansprache ist der Erzählung „Das Elixier des Hochwürdigen Pater Gaucher" entnommen, einer der köstlichsten Geschichten aus „Les Lettres de mon moulin" von Alphonse Daudet, die Marcel Pagnol für den Film bearbeitet hat.

Der Prediger, in diesem Fall der Abt des Klosters Saint-Michel-de-Frigolet, spricht zu einer Gruppe von Buben, die den Weißen Vätern beim Kräutersammeln in den Bergen geholfen haben. Die Kräuter dienen der Herstellung eines Elixiers.

Es ist Nachmittag. Die Mönche kehren von der Fronleichnamsprozession zurück. Auf der Treppe im Innenhof steht der Abt im Festornat und improvisiert das Schlußwort. Es klingt eher wie eine Rede an einer Preisverteilung als wie eine Predigt. Es ist ein Abschied von den Kindern, die nun die Abtei verlassen, und ein Willkommensgruß für die, die soeben eingetroffen sind. Den Komplimenten folgen die Ermahnungen. Und durch jeden Satz, jede Wendung schimmern der Glanz und die Wärme der provenzalischen Sonne. Die Kinder verstehen den Prediger. Er spricht ihr Sprache, er gebraucht Wörter, die keine Runzeln haben.

♦

Meine lieben Kinder!
Zuerst wende ich mich an die, die soeben in unserer Abtei eingetroffen sind; sie scheinen ein wenig Angst zu haben vor diesen hohen Bergen, diesen hohen Mauern und

dem ehrwürdigen Alter dieser Steine. Ich will sie gleich beruhigen: Unser Kloster ist kein Gefängnis. Ihr werdet nur zum Schlafen hier sein, abends nach dem Essen und dem Nachtgebet. Ihr werdet es früh am Morgen verlassen, unter dem ausgedehnten Segen der Angelusglocke – wir haben nämlich neun Glocken, was unseren Glöckner mächtig anspornt –, und unter der Führung unserer Mönche werdet ihr durch den Tau auf den Alpweiden emporsteigen bis zum Waldrand. In eurem Rucksack tragt ihr ein Heft, einen Bleistift, zwei, drei Schulbücher und euer Mittagessen mit. Seid ihr dort angekommen, so setzt ihr euch im Kreis auf flache Steine und hört euren Lehrern zu. Sie werden euch die kleinen Rätsel des Rechnens erklären, sie werden euch in die Geheimnisse der Orthographie, in die Wunder der Geographie einweihen, und sie werden euch unter den alten Eichen von Frigolet von den großen Königen Frankreichs erzählen. Das alles wird von großem Nutzen für euch sein und interessant vor allem deshalb, weil es nicht zu lange dauert.

Am Nachmittag, nach einer guten Mahlzeit, steigt ihr noch höher als der Wald. Aber diesmal geht ihr in Einerkolonne, jeder ein paar Meter hinter dem anderen wie Jäger auf der Treibjagd. In der Hand tragt ihr eine Pflanze, die euch der Lehrer gegeben hat, und beim Gehen schaut ihr auf den Boden wie einer, der einen Sou verloren hat. Und wenn ihr dort die gleiche Pflanze entdeckt wie die, die in eurer linken Hand so gut riecht, dann pflückt ihr sie schnell mit der Rechten und steckt sie in den Sack, wo vorher euer Mittagessen war, das ihr inzwischen an einem anderen Ort verstaut habt. So werdet ihr uns helfen, unser Elixier zuzubereiten, das den Reichtum unseres Hauses bildet!

Noch etwas. Hier bei uns hält man auf Ordnung. Man gehorcht dem Schlag der Glocke, man steht pünktlich auf, man wäscht sich die Hände mindestens zweimal täglich. Wir sind streng, sehr streng. Aber ich weiß nicht, woran es liegt, daß ich bis jetzt noch nie etwas von Ohrfeigen gehört habe, auch nicht von Prügeln oder von Tritten in den Hintern. Hier weiß man nicht einmal, was das überhaupt ist. Das mag vielleicht rätselhaft klingen, aber es ist wirklich so: Bei den Weißen Vätern von Frigolet gibt es manchmal Bußen, doch Strafen gibt es nie. Drum sage ich euch: Tut nie etwas, wofür ihr Strafe verdientet, wir wüßten nämlich nicht, was wir machen sollen.

Jetzt möchte ich zu denen sprechen, die uns heute verlassen. Wir alle sind tief betrübt; vorhin habe ich einige gesehen, die heimlich Tränen vergossen. Man soll sich seiner Tränen nicht schämen. Aber ihr müßt auch an die anderen denken, an die Neuen, die so mager sind wie Vogelscheuchen im Feigengarten. Jetzt sind sie an der Reihe, das ist nur gerecht. Außerdem: denkt dran, daß ihr uns ja später, wenn ihr größer seid, jederzeit besuchen könnt.

Und nun muß ich euch zwei Dinge ans Herz legen. Das erste ist folgendes: Wenn ihr nach Hause kommt, so sagt schnell, wie ihr heißt, denn eure Eltern werden euch

DU L

nicht wiedererkennen. Jawohl, ihr neuen Kinder, als jene dort zu uns kamen, waren sie wie ihr, und wenn ihr einmal von hier fortgeht, werdet ihr sein wie sie! Vor drei Monaten waren sie 28 an der Zahl, und zusammen wogen sie 403 Kilo! Heute, meine Lieben, sind es immer noch 28, und sie wiegen 82 Kilo mehr! Dabei haben sie nichts in den Taschen ... Einige haben drei Kilo zugenommen, andere vier, andere fünf...

Der Felix, dieser kleine Schlingel, der hat uns sogar einen ganz großen Streich gespielt. Als er zu uns kam, ging er am Stock wie ein alter, gebückter Großvater. Er war klein, so klein, daß man ihn für einen Vogel hätte halten können, ein toter kleiner Vogel im Käfig, gerupft wie für einen nicht eben wählerischen Feinschmecker, und überall hatte er blaue Flecke, weil der Mann seiner Mutter ein bißchen nervös war. Und da kommt nun dieser kleine Schlaumeier und wirft seinen Stock weg, legt sich hinterrücks sieben Kilo zu und so dicke Backen, daß man seine Augen nicht mehr sieht, wenn er lacht, und da er die ganze Zeit lacht, werden die Leute denken, er sei blind geworden. Felix, mein Kleiner, du wirst dem Mann deiner Mutter, der nicht dein Vater ist – weil Gott es so gewollt hat –, du wirst ihm sagen, daß diese dicken Backen uns gehören, und sollte es das Unglück wollen, daß er dich noch einmal ohrfeigt, dann wäre das ebenso schlimm, wie wenn er die gesamte Bruderschaft der Weißen Väter ins Gesicht geschlagen hätte.

Jetzt das zweite. Meine lieben Kinder, wenn ihr wieder

in die Stadt kommt, so wird es vielleicht Leute geben, die sagen, wir hätten euch hier aus Barmherzigkeit aufgenommen. Ihr werdet ihnen antworten: „Das ist nicht wahr!“, weil man nie ein Almosen annehmen soll außer im Fall eines Unglücks oder einer Katastrophe.

Ein Mensch, der die Bezeichnung Mensch verdient, darf nicht von der Barmherzigkeit der anderen leben. Ihr kamt hierher, um uns zu helfen. Ihr habt die Kräuter gesammelt, aus denen unser Elixier besteht. Mit eurer Arbeit habt ihr euer Kostgeld bezahlt. Ihr seid keine armen Kinder, die unserer Freigebigkeit etwas verdanken, ihr seid die kleinen Mitarbeiter der Weißen Väter. Und das Fünffrankenstück, das unser Pater Zahlmeister jedem von euch gegeben hat, ist kein Geschenk und schon gar kein Almosen: Es ist der Überschuß eures Lohns und der Beweis, daß ihr schon erwachsen seid!

Die erdrückende Abwesenheit Gottes

♦

Im Schloß Trinquelage am Abhang der Alpilles hat Pater Balaguère die drei stillen Weihnachtsmessen im Eiltempo heruntergebetet. Man stürzt sich auf das Festtagsmahl, man schmaust und schwelgt. Pater Balaguère verdirbt sich den Magen und stirbt. Marcel Pagnol läßt den Mönch nach hundert Jahren im Fegefeuer in die zerfallene Kapelle zurückkehren. Alle Zeugen jener berühmten Nacht sind wieder da. Pater Balaguère hält ihnen ein Mahnpredigt. Es ist eine Betrachtung, und zwar eine reichlich bittere! Und doch schimmert darin mit einem Mal der Funke der göttlichen Barmherzigkeit auf.

♦

Geliebte Brüder und Schwestern!
Zum hundertstenmal sind wir nun in dieser Kapelle versammelt, die einst so schön war und von der so wenig übriggeblieben ist. Der Zerfall dieser Mauern soll uns nicht rührselig stimmen. Wir wissen seit unserem Tod – und der ist nur noch eine uralte Erinnerung –, daß das Leben des Menschen ein flüchtiger Traum und selbst das festeste Gestein nur leichter Staub ist, für kurze Zeit gehärtet durch den Willen des Ewigen. Wir werden heute Abend zum hundertstenmal die drei stillen Weihnachtsmessen feiern. Es wird dank Gottes Güte das letz-

temal sein, denn unsere Strafe – eine Strafe, die wir, dem Himmel sei's geklagt, hundertfach verdient haben – nimmt heute nacht ein Ende.

Ihr, meine Brüder und Schwestern, dachtet nur an eure kostbaren Gewänder und wart erfüllt von Stolz auf eure Schönheit, dieweil unser Herr Jesus Christus zwischen Eselskot und Ochsenmist auf diese Erde herunterstieg. Ihr hattet die Lehre nicht begriffen. Ihr schnuppertet in den zugigen Hallen genüßlich die Düfte aus der irdischen Küche, die eure Nasen kitzelten. Und ich, der Kaplan des Herrn Marquis, ich, der Priester, ein Hüter der Seelen, ich bin gestorben an einem Heiligen Abend, nach drei heruntergeleierten Messen, und ich starb an übermäßigem Fressen mit einem Truthahnknochen quer im Schlund! Fürwahr, ein schöner Tod für einen Kirchenmann und frohe Weihnacht uns allen!

Ein einziger hier hatte an unserer Sünde nicht teil, und da ist unser braver Garrigou, und doch hatte auch er auf seine Weise gesündigt! Er hatte mit dem Teufel Karten gespielt! Seine Partie kam uns teuer zu stehen, denn ein wenig haben wir es ihm zu verdanken, daß wir heute hier sind. Nun, so laßt uns denn eingedenk des Gewichts unserer Sünde einmal mehr die Nachsicht des ewigen Vaters preisen. Hundert Jahre Fegefeuer sind wahrhaftig eine lange Zeit, und ihr wißt so gut wie ich, wie schmerzlich für uns alle die erdrückende Abwesenheit Gottes war. Er aber hatte uns in seiner Güte diese Weihnachtsmessen auferlegt, die uns hundertmal Ruhe und Freude schenkten.

Ich glaube, wir werden nun bald das Glück erleben, unseren Herrn endlich von Angesicht zu sehen. Und das bringt mich auf den Gedanken, euch für diese Nacht unserer Befreiung nicht drei stille Messen, sondern ein gesungenes Hochamt vorzuschlagen, gesungen aus der Tiefe unserer Seele, mit unserer ganzen Liebe, unserer ganzen Dankbarkeit. Und da wir zum letztenmal menschliche Gestalt annehmen in einer zerfallenen Kapelle, umgeben von Thymian, Ginster und Rosmarin, laßt uns zur Ehre Gottes als erstes das Kindlichste und Demütigste darbringen, was die Menschen erfunden haben: die alten Weihnachtslieder der Hirten.

Komm, lass dich sauber machen

♦

Bei Pagnol spricht der Pfarrer von Cucugnan ein wenig wie der Pfarrer von Cucugnan bei Alphonse Daudet. Beide sprechen gut. Der alte ist wundervoll. Der neue, mehr Theologe und nicht weniger geistreich, kennt sich in der Psychologie des Menschen besser aus. Das Erbarmen ist größer als die Erbärmlichkeit. Es ist eine Botschaft des Vertrauens. Gewisse Abschnitte über die „Sakramente der Toten" sind von einem geistigen Realismus, dem man nicht widerstehen kann. Dieser Theologie entrinnt man nicht. Man muß sie lieben. Sie ist menschlich und göttlich. Solche Worte bewirken, daß unser Herz an das Herz Gottes rührt.

♦

Meine lieben Brüder und Schwestern!
Wie ich sehe, hat der Besuch der Chorknaben von der Singschule Avignon seine Wirkung nicht verfehlt: Zum erstenmal seit sehr langer Zeit ist jedermann gekommen, um die Messe anzuhören oder, genauer, um die Stimmen dieser prächtigen kleinen Christen zu hören und die Messe obendrein. Nun ja, sie werden singen, aber etwas später, denn zuerst will ich euch eine Predigt halten, und zwar eine hochwichtige Predigt. Es ist die Geschichte einer Offenbarung. Ja, meine Brüder, der

Herrgott war so freundlich, sich mit unserer Pfarrgemeinde zu befassen, denn hört, was ich erlebt habe, ich, Martin, Pfarrer von Cucugnan.

Die Sache ist vor genau neun Tagen passiert, am Freitagabend. Ich kniete auf meinem Betschemel in meinem Zimmer und flehte zu unserem Herrn Jesus Christus, er möge diese Pfarrei erretten, die zwar nicht durch und durch gottlos ist, deren Glaube sich aber nicht gerade durch Eifer auszeichnet. Ich schlug mich an die Brust, indem ich mir sagte, das sei wahrscheinlich meine Schuld, und im gleichen Augenblick – vom Kirchturm schlug es gerade halb neun – wurde mir plötzlich ganz komisch, als würde ich in Ohnmacht fallen . . .

Ich riß mich zusammen, stand auf, und an Stelle der Wand erblickte ich eine große goldene Pforte, ein Tor mit zwei Flügeln, so hoch wie unsere Kirche: Es war die goldene Himmelspforte. Jawohl, ich, Martin, Sohn das Sattlers von Fontvieille, heute Pfarrer von Cucugnan, ich elender Sünder bin für ein paar Stunden in das Paradies entrückt worden, und es ist meine Pflicht, euch heute ganz unvoreingenommen zu erzählen, was ich dort mit eigenen Augen gesehen habe!

Zuerst hörte ich durch jene Pforte liebliche Musik, Geigen, Harfen, Flöten und vor allem Chöre. Also, ich kann euch sagen, sie sangen besser als wir und sogar besser als die Singschule von Avignon, die wir heute hier zu begrüßen das Vergnügen haben. So weich floß das alles ineinander und schwebte in der Luft wie ein Regenbogen aus Musik ... Es hatte eine eigenartige Wirkung auf mich, ich wußte nicht mehr, wo ich war, und ich fühlte mich so glücklich wie ein Kind. Und auf einmal hatte ich ein schlechtes Gewissen. Ich sagte mir: „Martin, da hörst du dir nun die himmlische Musik an. Bist du auch sicher, daß du das darfst?“

Es war aber so schön, daß ich in Gottes Namen trotzdem zuhörte. Und plötzlich öffnet sich das große Tor aus Gold, und ich erblicke den guten heiligen Petrus. Er trug den Schlüssel, den weißen Bart und den Heiligenschein, der glänzte so stark, daß ich ihm nicht ins Gesicht schauen konnte.

„Ach“, sagt er, „Ihr seid’s, mein braver Herr Martin! Welch Zufall führt Euch in voller Größe her?“

„Hoher heiliger Petrus, wieso ich hier bin, weiß ich nicht. Aber sicher kann es nicht gegen den Willen Gottes sein, sonst stände ich jetzt nicht da. Und wo ich Euch nun so sehe, so gütig und freundlich, kommt mir der Gedanke, daß ich Euch eigentlich etwas fragen könnte.“

„Schön“, sagt er, „womit kann ich Euch dienen?“

„Hoher heiliger Petrus, ich möchte ja nicht neugierig sein, aber könntet Ihr mir sagen, wie viele Cucugnaner Ihr im Paradies habt?“

„Lieber Herr Martin, also da kann ich nicht nein sagen, denn daß Euch das interessiert, ist begreiflich. Kommt herein und nehmt Platz. Wir wollen ’mal nachschauen.“

Er öffnet das große Buch – ein riesengroßes Buch und ein prächtiges dazu!

„Momentchen ... Cucugnan, sagt Ihr ... Cu ... Cu ... Cu ... Cucugnan! Da haben wir's, Cucugnan."

Und plötzlich springt er auf und sagt:

„Mein guter Herr Martin, die ganze Seite ist leer!"

Da unten höre ich einen lachen, der Ärmste! Nun, meine Kinder, ich habe nicht gelacht! Der Hals ist mir plötzlich wie zugeschnürt, ein Minute lang bringe ich kein Wort heraus ...

Der hohe heilige Petrus sagt: „Faßt Euch ... Faßt Euch!"

Ich huste, ich finde die Stimme wieder und sage zu ihm:

„Hoher heiliger Petrus, was soll das heißen?"

„Das soll heißen, daß keine einzige Seele hier weilt. Tja, hier gibt's so wenig Cucugnaner wie Gräten in einer Truthenne!"

„Aber nein, aber nein! Niemand aus Cucugnan im Paradies? Das ist doch nicht möglich. Sicher gibt's noch eine andere Seite in Eurem Buch."

„Na, na, heiliger Mann! Schaut selber nach! Seit dreißig Jahren keine Menschenseele, weil nämlich dieses Buch vor dreißig Jahren begonnen worden ist ... "

Ich schaue nach, ich werde totenbleich, dann feuerrot.

„Hoher heiliger Petrus, habt Erbarmen und treibt keine bösen Späße mit mir. Sagt mir, daß ... "

„Lieber Herr Martin, ich sage Euch die lautere Wahrheit ... Mit solchen Dingen treibt man hier keine Scherze. Ihr solltet Euch die Sache aber nicht dermaßen zu Herzen nehmen, sonst kriegt Ihr mir noch einen Blutsturz. Was wollt Ihr, wir können es nicht ändern. Wahrscheinlich müssen Eure Cucugnaner eine kleine Quarantäne im Fegefeuer absitzen."

„Quarantäne von dreißig Jahren?"

„Aber ich bitte Euch! Hier sind wir in der Ewigkeit, und das Kürzeste dauert mindestens ein halbes Jahrhundert! Und was zählt schon ein halbes Jahrhundert bei einer unsterblichen Seele? Ich selber, so wie ich hier mit Euch rede, ich stehe jetzt schon bald zweitausend Jahre an dieser Pforte, und mir ist, ich sei eben erst gekommen."

„Bei Euch ist es etwas anderes ... Diese armen Cucugnaner dagegen! Macht, daß ich sie wenigstens sehen, wenigstens trösten kann. Wäre das möglich?"

„Schön. Geht in Ordnung. Hier, zieht Euch schnell diese Sandalen an, denn die Wege sind nicht eben die besten ... Ihr geht dann nur immer geradeaus, und an der ersten Biegung rechts findet Ihr ein silbernes Tor mit vielen schwarzen Kreuzen darauf. Ihr klopft an, man wird Euch öffnen ... Sagt, Ihr kommt in meinem Auftrag ... Behüt' Euch Gott und bleibt gesund und munter!"

Und schon marschiere ich einen schmalen Pfad hinunter, der ist voll Dornen und Disteln. Da und dort glühen sogar bereits ein paar Kohlenstückchen ... Schließlich komme ich bei der Pforte an.

„Tack-tack!"

„Wer klopft da?"

„Der Pfarrer von Cucugnan!"

„Ein Pfarrer?“
„Jawohl!“
„Aus Cucu wie?“
„Aus Cucugnan. Mich schickt der hohe heilige Petrus.“
„Ach so! Tretet ein!“

Ich trete ein. Ein wunderschöner Engel steht vor mir, mit Flügeln so dunkel wie die Nacht, in einem Kleid so leuchtend wie der Tag. Ein diamantener Schlüssel hängt an seinem Gürtel. Er schrieb, krakra, in einem großen Buch, es ist viel dicker als dem heiligen Petrus seines. Ich sage nichts, weil er immerzu schrieb, und ich warte ein Weilchen. Hier gab's keine Musik mehr. Statt dessen hörte man hinter einer hohen Gefängnismauer, die ganz mit Flaschenscherben bedeckt war, lautes Seufzen, Klagen, Stöhnen und ersticktes Schluchzen.

Der Engel hört zu schreiben auf.

Er malt eine Unterschrift hin, drückt einen Stempel drauf, streut Sand darüber und hebt den Kopf.

„Bitte schön, was verschafft mir das Vergnügen?“

„Schöner Engel Gottes, ich wüßte gern – und vielleicht ist es recht neugierig von mir –, aber habt Ihr hier Cucugnaner?“

„Ob wir was haben?“

„Leute aus Cucugnan. Ich bin ihr Seelsorger seit über zwanzig Jahren, da werdet Ihr begreifen, daß es mich interessiert . . .“

„Ja, natürlich. Cucugnan, sagt Ihr . . .“

Und der Engel öffnet sein Buch und blättert darin, wo-

bei er seinen Finger mit Speichel befeuchtet, damit ihm das Blatt nicht entgleitet.

„Aha! Cucugnan! Nun, mein lieber Herr Pfarrer, zu meiner Freude kann ich Euch mitteilen, daß wir niemanden aus Cucugnan im Fegefeuer haben . . . “

„Jesus, Maria und Josef! Niemand aus Cucugnan im Fegefeuer? O du Allmächtiger, wo sind sie denn?“

„Tja, heiliger Mann, die sind im Paradies. Wo zum Deibel sollten sie sonst sein?“

„Aber ich komme doch eben vom Paradies!“

„Ihr kommt vom Paradies? Und?“

„Und dort sind sie nicht. O gütige Mutter der Engel! Der hohe heilige Petrus hat es mir selber gesagt.“

Da schaut mich der schöne Engel an. Nach einer Weile schüttelt er mehrmals den Kopf und sagt:

„Nichts zu machen, Herr Pfarrer. Wenn sie weder im Paradies noch im Fegefeuer sind, dann bleiben keine sechsunddreißig anderen Möglichkeiten: Sie sind … dort unten!"

„Heiliges Kreuz! Jesus, Sohn Davids! O wei, o wei, ist es die Möglichkeit? Hat mir der hohe heilige Petrus am Ende einen Streich gespielt, um mich zu bestrafen, weil ich mir die Engelsmusik angehört habe? Aber nein, das kann ich nicht glauben!"

„Hört zu, mein armer Herr Martin, da es für Euch so wichtig ist, geht Ihr am besten hin und seht mit eigenen Augen, wie die Sache steht. Ihr tragt ja die wundertätigen Sandalen, da lauft Ihr einfach diesen Weg entlang, und zwar so schnell Ihr könnt. Ganz unten links findet Ihr ein großes Tor aus feuerrotem Eisen . . . Das kommt nicht von der Farbe, es ist die Hitze. Daß Ihr es mir ja nicht anrührt! Übrigens steht es immer weit offen. Niemand wird Euch Fragen stellen. Aber klammert Euch um Gottes willen fest an Euren Rosenkranz. Wenn Ihr den verliert, sind sie imstande und behalten Euch. Und jetzt lauft, ich sehe nämlich neue Gäste daherkommen. Auf Nimmerwiedersehen, und Gott stehe Euch bei!"

Ich setzte mich in Trab. Es war ein langer Weg, und er war ganz mit rotglühenden Kohlen gepflastert. Doch dank der Sandalen des guten heiligen Petrus verbrannte ich mir nicht die Füße. Ich zitterte, ich klapperte mit den

Zähnen, ich schwankte, als hätte ich getrunken. Ich war klatschnaß und hatte einen brennenden Durst!

Endlich, hinkend, sehe ich vor mir das Tor. Ach, Kinder! Es war wie die Tür eines riesigen Ofens. Am liebsten wäre ich auf der Stelle umgekehrt und Hals über Kopf davongelaufen. Aber ich habe an die Pfarrgemeinde gedacht, und das hat mir wieder ein wenig Mut gegeben. Ich empfehle also meine Seele dem Herrgott, klammere mich an meinen Rosenkranz und trete ein.

Nach zehn Schritten sehe ich immer noch nichts vor lauter Flammen und Rauch. Ich schwitze aus allen Poren, und dabei bin ich vor Kälte erstarrt. Mich schaudert. Es roch nach Angebrannten, ein widerlicher Geruch, wie wenn der Schmied den Huf einer alten Mähre ansengt ... Ich konnte nur mit Mühe atmen, und die ganze Zeit hörte ich einen entsetzlichen Lärm: wildes Gestöhn, mörderische Schreie, das Heulen von Tobsüchtigen. Die Angst lähmt mir die Füße, sie sind wie festgenagelt ...

Allmählich gewöhnten sich meine Augen an die Umgebung, nach und nach erkannte ich Schatten, die sich im Rauch bewegten. Da sticht mich plötzlich jemand in den Hintern. Ich drehe mich um und sehe einen gehörnten Teufel, noch ziemlich jung, aber mit einer bösartigen Fratze.

„He", sagt er zu mir, „kommst du herein oder nicht?"

„Ich komme herein", sage ich. „Aber nicht für immer. Ich bin ein Freund Gottes ... " Und ihr könnt euch vorstellen, wie ich meinen Rosenkranz festhielt!

„Wenn du ein Freund Gottes bist, was hast du hier zu suchen?"

„Ach, redet mir nicht davon, ich kann mich kaum mehr auf den Beinen halten! Ich komme . . . ich komme . . . mit der Erlaubnis des hohen heiligen Petrus komme ich Euch fragen, ob Ihr . . . zufällig . . . nicht jemand hier habt, jemand aus Cucugnan . . ."

Da höre ich ein fürchterliches Gelächter, ich drehe mich um und sehe einen anderen Dämon, viel größer, mit einer grauenhaften Stimme, die brüllt:

„Jemand aus Cucugnan? Ha, beim Feuer Gottes, wozu willst du dich dumm stellen? Du weiß ganz genau, daß ganz Cucugnan hier ist."

„Aber nein, nein, das wußte ich nicht. Ich dachte, vielleicht . . ."

„Los, marsch!" sagt der große Dämon, „führt mir diesen Touristen zu unserer Cucugnan-Filiale und zeigt ihm schön der Reihe nach, wie wir sie hier verpflegen, die braven Cucugnaner!"

Ach, meine Freunde! Einer zieht mich, einer stößt mich, und so lande ich in dieser Höllenpfarrei, die einer riesigen Küche glich. Am Boden ewige Kohlenglut und an der Decke pechschwarze Rauchschwaden. Zu beiden Seiten schreckliche Flammen. Nicht etwa helle Flammen wie die von Olivenholz, nein! Rote Flammen mit einem schwarzen Zünglein an der Spitze . . . und auf diesen Flammen zwei lange Reihen von kupfernen Kesseln. Die zu meiner Rechten dampften wie Fleischsuppentöpfe.

Von Zeit zu Zeit hob der Dampf die Deckel – tschitt –, und wenn sie zurückfielen, schepperten sie wie gesprungene Glocken. Ach, meine Freunde, war das ein komischer Angelus!

Aus den Kesseln zur Linken zischte es wie Gebackenes im schwimmenden Öl . . . Und mein Führer, ha, wie höhnisch er grinste, dieser Teufelsbraten! – mein Führer erklärte mir, daß die Unglücklichen zuerst gesotten werden, und sobald sie anfangen, sich daran zu gewöhnen, schmeißt man sie schnell ins Backöl, um sie wieder zu beleben . . .

Und wen sehe ich an der großen Gabel durch die Luft wirbeln, von einem Kessel in den anderen? Ich sehe den kleinen Fratz Catarinette, die nicht in ihrem Elternhaus schlafen wollte, weil es ihr in ihrem Zimmer zu heiß war. Sie schlief lieber in der Scheune . . . Ihr dort, Elzéar, Clarius, Dominique, Barbarin, sagt mir mal, war es kühl in der Scheune? Ich wünschte, ihr hättet sie sehen können, wie ich sie gesehen habe, puterrot von Kopf bis Fuß, man hätte sie für einen Frosch halten können, der zu lange gesotten wurde... Sie hat mich erkannt, die arme Kleine, und ich glaube, sie wolle mir etwas sagen. Zu spät . . . tschitt! Hinein in die Backpfanne!

Und dann habe ich den Pascal gesehen. Man nannte ihn den Klebfinger. Er machte sein Öl aus den Oliven des Herrn Julien, seinen Wein aus den Trauben des Notars und seine Konfitüre aus meinen Birnen. Nein, der Pascal war nicht der Mann, der selber werkte oder säte; seine

Spezialität war das Ernten. Und jetzt, was hat er dort unten geerntet? Herrje, wie er weinte, der arme Schelm! Und Parpaillon, der Wilderer, der nebenbei auch Hühner mitlaufen ließ und die Getreidescheune des Meste Arnaou anzündete? Das Gericht hat ihn freigesprochen, aber dort oben hört man nicht auf falsche Zeugen, und ich habe ihn auf böser Fahrt gesehen, für die ganze Ewigkeit.

Und dann Jungfer Adélaïde ... Während ich noch dicke Tränen vergieße, die sofort verdampfen, zupft mich der Satansknecht am Ärmel und sagt: „Das ist noch nicht alles. Komm mit, du kriegst noch Besseres zu sehen.“ Ihr habt wohl bemerkt, daß er mich duzte? Diese Teufel, ich muß schon sagen, das hat keine Kinderstube und nichts, sie würden einen Bischof duzen ...

Ganz lautlos öffnet er eine riesige Tür und zieht mich hinein. Und was sehe ich dort, meine Brüder? Zuerst sehe ich überhaupt nichts. Nur eine große Feuerwand, die mich sofort blendet. Dann gewöhnen sich meine Augen, und ich sehe lange schwarze, waagrechte Stäbe, die sich zu bewegen scheinen. Gleichzeitig höre ich ein unheimliches Ticken, hundertmal lauter als das Uhrwerk am Kirchturm. Ich taste mich drei Schritte vor. Die schwarzen Stäbe waren eiserne Spieße, die Dutzende von Christen durchbohrten. Denen waren die Hände auf den Rücken gebunden, ihre Füße hingen am Spieß, und so drehten sie sich langsam vor der Kohlenglut wie Schnepfen im Monat Oktober ...

Es waren mindestens zehn Reihen, die sich da übereinandertürmten, und auf jedem Stockwerk sah ich kleine Teufel mit mächtigen Eisenlöffeln, die diese Ärmsten mit dem kochenden Saft ihrer Sünden begossen. Ich befand mich in der Bratküche der Hölle.

Und dort habe ich den großen Coq-Galine gesehen, den ihr alle gekannt habt, immer besoffen um sieben Uhr morgens, und jeden Tag prügelte er seine arme Frau von elf bis zwölf; und Babet, die Ährenleserin, die es bequemer fand, ihre Ähren in den Scheunen zu lesen, und die nie hat zulassen wollen, daß ich von ihrem Dutzend kleiner Bastarde auch nur einen einzigen taufte. Und Delphine, die dicke Milchfrau, die uns das Wasser aus ihrer Zisterne so teuer verkaufte und ihren armen Mann zum Schlafen in den Stall schickte, wenn sie ihren Buhlen empfing, einen Hausierer ohne Religion und Moral.

Ach Gott, alle waren sie da! Und was für entsetzliche Marterschreie, was für ein verzweifeltes Flehen! Aber derjenige, der mir am meisten leid tat, war der unglückliche Tortillard . . . Also der, wenn er mir begegnete, und ich trug das Allerheiligste zu einem Sterbenden, bog er ab, Mütze auf dem Kopf, Nase in der Luft, Pfeife im Maul und nicht mehr Interesse, als wenn er einem Hund begegnet wäre. Als er damals an der Kirchweih von Sankt Eligius vom Klettermast fiel, bin ich trotzdem in aller Eile hingelaufen, um ihm die Sterbesakramente zu spenden. I wo! In seinem Todeskampf ist ihm nichts Gescheiteres eingefallen, als mir Gemeinheiten und Gotteslästerungen an den Kopf zu werfen, er hat den lieben Gott zurückgewiesen und ist hohnlachend gestorben . . .

Nun, ich versichere euch, dort unten ist ihm das Lachen vergangen. Er hat mich sofort erkannt, sogar durch seine gerösteten Augenlider hindurch. Und als sein Gesicht beim Drehen am Spieß an mir vorbeikam, krächzte er: „Beichten! Ich will beich . . .“ Hopp! Das Teufelchen hat ihm einen Löffel voll kochendes Fett in den Mund gegossen, und das hat ihm den Schnauf verschlagen!

Mir war auch schon ziemlich elend zumut, und trotz ihrer Sünden hatte ich Mitleid mit ihnen. Ich dachte mir: „Wenn ich Weihwasser mitgebracht hätte, hätte ich ihnen vielleicht für einen kurzen Moment Kühlung verschaffen können.“ Aber der kleine Teufel hatte meine Gedanken gehört und sagte immer mit dem gleichen höhnischen Grinsen zu mir: „Ha, Feigling, wenn du mit Weihwasser gekommen wärst, wir hätten dich gar nicht ’reingelassen!“ Er hat mich gezwungen, die ganze Runde zu machen, und zum Schluß hat er mich bis zur Pforte zurückbegleitet und gesagt:

„Martin, eigentlich muß ich dir danken und gratulieren.“

„Gratulieren? Mir? Wieso?“

„Bist du nicht ihr Pfarrer? Warst nicht du verantwortlich für ihr Seelenheil?“

Seht ihr, Kinder, da habe ich nichts mehr zu sagen gewußt. Ein Pfarrer, der vom Teufel beglückwünscht wird – was haltet ihr davon? Es hat mich fuchsteufelswild gemacht. Und als mir der teuflische Bratkoch zum Abschied seine Klaue reichte, zögerte ich keine Sekunde: Ich legte ihm das Kreuz meines Rosenkranzes hinein. Er stieß ein fürchterliches Gebrüll aus, es gab einen Krach wie von einer Explosion, und ich fand mich zitternd vor Angst und Scham auf meinem Betschemel wieder.

Ja, meine Brüder und Schwestern, so ist es mir ergangen, und so wird es euch ergehen, wenn wir so weitermachen. Lieber Gott, ich weiß ja, daß die menschliche Natur ganz natürlicherweise zum Bösen neigt und daß der Teufel jeden Abend seine Schlingen legt – an den Scheunentoren und vor den Ausgängen der Gaststuben und unter den Fenstern der Mädchen. Ich weiß auch, daß ihr keine ausgesprochen verbrecherische Bande seid und daß es auf der Welt eine Menge Pfarreien gibt, die noch viel schlechter dran sind als wir. Aber wenn heute in Cucugnan nichts als Verdammte herangezüchtet werden, so liegt dies daran, daß ihr nicht zur Beichte kommt.

Jeden Abend um sechs Uhr beziehe ich meinen Posten da drüben, in dem geweihten Schilderhäuschen, wie ein Soldat auf der Wacht oder wie ein Jäger im Ansitz, und ich warte ... Manchmal kommt jemand, ein frommes altes Weiblein, zwei, drei kleine Katechismusschüler. Damit hat's sich. Trotzdem harre ich aus. Ich höre das Knistern einer Kerze, das Nagen einer Maus am Fuß des Chorstuhls, das Gezwitscher einer Schwalbe über dem Kirchturm ... Allmählich bekomme ich kalte Füße, meine Beine werden steif, und schließlich schlafe ich ein.

Nun, meine Brüder und Schwestern, das muß anders werden, und es wird auch anders werden, weil es nämlich nicht schwierig ist. Ich verlange nicht, daß ihr auf der Stelle tugendhaft werdet: Tugend, das geht nicht so schnell. Macht ruhig ein Weilchen so weiter wie bisher, mogelt beim Wägen, streckt den Wein der anderen mit Wasser, scharwenzelt um die Frau des Nachbarn herum oder macht dem Mann der Nachbarin schöne Augen. Lügt weiter, schert euch nicht um euren notleidenden Bruder und schlagt euch heimlich die Bäuche voll. Aber vergeßt um Gottes willen nicht den verzweifelten Schrei des Tortillard: „Ich will beichten!" Für ihn war es leider zu spät.

Ihr dagegen, die ihr noch eine Chance habt, die Verzeihung der göttlichen Barmherzigkeit zu erlangen, seid nicht so dumm, das großartige Privileg abzulehnen, das wir dem Opfer unseres Herrn Jesus Christus verdanken! Ich weiß natürlich genau, was ihr mir jetzt sagen würdet, wenn ihr in der Kirche sprechen dürftet. Ihr würdet sagen: „Wir sind doch alle getauft, und es kommt selten vor, daß ein Sterbender die letzte Ölung nicht empfängt." Ja, das stimmt. Und dann würdet ihr noch sagen: „Die Beichte löscht alles aus, drum lohnt es doch gar nicht, die ganze Zeit beichten zu gehen, die letzte vor dem Tod genügt."

Aber da täuscht ihr euch, meine Lieben. Wenn bei euch jemand krank ist, wartet ihr immer bis zu seinem viertletzten Atemzug, ehe ihr mich holt, und wenn ich komme, ist er schon im Begriff, abzureisen. Mit spitzer Nase, violetten Lippen und glasigen Augen stammelt er unzusammenhängende Worte, dazwischen stöhnt er ein paarmal „Au-au-au!" – denn Sterben ist nicht leicht – und anstatt mir zu sagen, was zu sagen wäre, gurgelt er mir einen letzten Seufzer vor.

Und ich, ich erteile ihm in aller Eile die Absolution, dieweil sich seine arme Seele auf den Weg macht und ich nebenher laufe wie einer, der einen anderen zum Bahnhof begleitet hat, und im letzten Moment fällt dem anderen ein, daß er noch etwas sagen wollte... Wer kann wissen, ob dieser Mensch im Todeskampf noch Reue empfunden hat? Und hat er nicht wirklich bereut, was nützt ihm da meine Absolution? Vielleicht sehr wenig, vielleicht sogar überhaupt nichts. Ja, selbst wenn ihr euch vornehmt, mich beim ersten ernsthaften Alarm rufen zu lassen – seid ihr ganz sicher, daß ihr dann nicht schon halb vertrottelt seid? Manchem dieser armen Wirrköpfe habe ich die letzte Beichte abgenommen! Sie beichten alles Mögliche, sie hätten die Kirche angezündet oder etwas Schlechtes vom Präsidenten der Republik gedacht, was vielleicht verkehrt, aber todsicher keine Sünde ist ... Einmal hatte ich einen, der glaubte, er sei acht Jahre alt und ich seine Tante Adele ...

Wartet nicht, bis es mit euch so weit ist, denn die einzige ehrliche und gültige Reue ist die Reue gesunder Leute. Denkt vor allem auch an die Hinterlist des Todes! Jeden Abend bei Sonnenuntergang seht ihr den lahmen Baptiste durch seine Ruissatel-Wiese hinaufhinken, immer schön dem Zickzackweg entlang, mit der großen Sense auf der Schulter. Man sieht ihn von weitem. Man weiß, er wird nicht vor dem Angelus oben ankommen.

Aber der Tod kommt nicht so. Oft folgt er dir schon seit einer Woche, und du hast es nicht gemerkt, du dachtest, er sei nur dein Schatten. Mit einem Schlag hat er dich überholt, und mit seinem spitzen Finger berührt er dein Herz, so daß es zerspringt, und du fällst um, ohne noch ein Wörtlein zu sagen ... Es kann auch sein, daß er dir mit einem Klaps auf den Kopf eine Ader im Hirn verstopft, oder es ist ein Zigarettenstummel, der in die Futterkrippe deines Pferdes gefallen ist, und wenn die Nachbarn mit den Behältern aus Sackleinen und mit der Dorfpumpe eintreffen, bist du nur noch ein großes Stück Kohle, gekrümmt wie der Stamm eines Olivenbaums. Oder es geschieht am hellichten Tag, an einem schönen Morgen im April. Der Tod taucht unterm Kirschbaum auf, versetzt der Leiter einen Tritt, sie kracht zusammen, und am Boden liegt ein Christenmensch, schlaff wie die Vogelscheuche im Feigengarten, und seine arme, schmutzige Seele fährt verzweifelt zum Himmel auf.

Das, meine Brüder, steht euch bevor, wenn ihr Angst vor dem Beichten habt. Das steht euch bevor, meine Brüder, und zwar steht es euch bald bevor. Denn obschon unser Dorf nicht eben groß ist, haben wir immerhin unsere sechs Toten jährlich. Das macht einen Toten alle zwei Monate. Der letzte war just jener unglückliche Tortillard. Seither sind schon sechs Wochen vergangen. Es bleiben uns also nur noch vierzehn Tage, um darin den nächsten Toten unterzubringen. Und wer wird es sein, he? Schaut euch gut an: Wo ist er, der Tote? Wer von euch wird das nächstemal auf den Schultern der Nachbarn in diese Kirche getragen werden?

Vierzehn Tage, das ist nicht eben viel. Die Bretter sind schon beim Schreiner, die Kerzen für die Totenwache liegen in der Sakristeischublade, und im Gras auf dem Friedhof wärmt die Sonne dieses schönen Sonntags dem Félicien seine Schaufel an. Alles ist bereit. Für wen? Ich weiß es nicht, und ihr wißt es auch nicht: Noch riecht er nicht schlecht. Eines aber wissen wir: Dieser Tote ist unter uns. Und deshalb wende ich mich an ihn oder an sie und sage: „Bruder – oder Schwester – nun, da alles bereit ist, mache auch du dich bereit. Ich bin hier, um dir zu helfen. Komm, laß dich sauber machen, komm zur Beichte. Zu jeder Stunde des Tages oder der Nacht warte ich auf dich!“ Sicher hört er meine Worte, doch er weiß nicht, daß sie an ihn gerichtet sind. Und er wird nicht kommen, weil er Angst vor dem Beichten hat.

Warum habt ihr Angst davor? Bei vielen ist es die Eitelkeit. Sie haben Angst, einem anderen Menschen die Fehler zu bekennen, die sie begangen haben, und sie bilden sich ein, ich notiere mir alles im Kopf, und wenn ich ihnen auf der Straße begegne, schaue ich sie spöttisch an, weil ich an ihre Beichte denke. Du liebe Zeit, meine guten Kinder, wenn ein Priester alle Sünden, die man ihm anvertraut, im Gedächtnis behalten wollte, er bekäme einen Kopf wie ein Kürbis, er gliche einem Müllkasten, und außerdem würde er verrückt!

In Wirklichkeit bin nicht ich es, der euch zuhört. Bei mir geht das zu einem Ohr hinein und zum anderen wieder hinaus und von dort direkt zu den Füßen des lieben Gottes. Er wägt eure Reue ab und gibt mir die Buße ein, die ich euch auferlegen muß. Und dann ist da noch jemand, der eure Beichte hört: ihr selbst. Und das ist das Wichtigste. Man denkt sich nicht viel dabei, wenn man etwas Böses tut. Man denkt lieber nicht darüber nach, während man es tut. Aber wenn man es Gott sagen muß, dann hört man es selber wie eine eher traurige Nach-

richt. Und wenn dann der Moment kommt, da man es wieder tun will, ist einem nicht mehr ganz wohl dabei, man kann nicht mehr so drauflos sündigen.

Noch etwas: Selbst wenn ihr nicht gescheit genug seid, um an das ewige Leben zu denken, so denkt wenigstens ein bißchen an euer irdisches Leben. Wenn ihr wüßtet, wie wohl man sich fühlt, wie ruhig nach einer guten Beichte! Ich selber beichte jeden Montag beim Herrn Pfarrer von Graveson. Und ich kann euch sagen, meine Freunde, wenn ich abends zu Fuß zurückkehre auf dieser schönen Straße, mit der untergehenden Sonne direkt vor meinen Augen, dann bin ich so fröhlich wie ein Feigenpicker, und am letzten Montag habe ich sogar entdeckt, daß ich vor mich hin sang, und zwar keine Psalmen, sondern ein sehr weltliches Liedchen. Ich verrate euch nicht, was es war, ihr würdet mich auslachen! Das ist es, was ich die erste Wohltat der Beichte nenne.

Vor ein paar Jahren wurde ich auf einen Hof in den Alpilles geholt, um dem Bauern die Sterbesakramente zu spenden. Ich war ziemlich überrascht. Ich kannte zwar den Bauern vom Sehen, aber er hatte nie einen Fuß in unsere Kirche gesetzt. Ein freudloser Mann. Er sprach kaum, spielte nicht einmal Pétanque und ließ ewig die Mundwinkel hängen. Er lag im Sterben, doch sein Kopf war noch klar. Er beichtete lang und ausführlich. Es war nicht schön, aber je länger er sprach, um so entspannter wurde sein Gesicht, und als er die heilige Kommunion empfing, sah ich in seinen Augen, die sich nicht mehr bewegten, zum erstenmal eine Art Lächeln aufschimmern, vielleicht das erste Lächeln seit der Zeit, da er in der Wiege gelegen hatte. Und ich, ich hätte diesen Sterbenden bei der Krawatte packen und ihm sagen sollen: „Du Dummkopf von einem Todeskandidaten! Da hast du nun dreißig Jahre im Elend verbracht und diesen Misthaufen an deiner Herzader hängen lassen, wo du nur hättest herkommen und ihn abladen müssen, ohne deinen Namen zu nennen, in unserem kleinen Beichtstuhl, hinter dem schäbigen Vorhang, der noch viel dicker ist als die Chinesische Mauer.“ – Die Chinesische Mauer ist so breit, daß sie eine Straße darauf gebaut haben! – „Dein ganzes Leben lang hast du all das Böse ängstlich verwahrt wie einer, der unterm Bettuch einen hat fahren lassen und sich nun nicht mehr zu bewegen traut aus Angst, er könnte an Vergiftung sterben. Weißt du was? Du hättest dich selber nicht ärger bestrafen können, und der liebe Gott wäre niemals so grausam gewesen wie du . . .“

Ich hoffe, ihr habt verstanden, und ich kann euch vor dem Abgrund retten, und wir werden alle miteinander die Glückwünsche verdienen, nicht die der Satanshelfer, sondern die unseres hohen heiligen Petrus, der dann endlich seine leere Seite vollschreiben kann. Also auf an die Arbeit, und zwar spätestens morgen! Damit aber alles richtig gemacht wird, müssen wir ordentlich vorgehen. Wir beichten also schön der Reihe nach wie beim Tanz im Jonquières.

Morgen, Montag, nehme ich den Müller dran. Jawohl, Félicien in Person wird als erster zur Beichte kommen. Ich räume ihm den Vormittag ein, und das ist nicht zu viel. Am Nachmittag kommen der Schmied und der Bäcker, das wird uns wohl bis zum Betzeitläuten beschäftigen. Am Dienstag die alten Männer und Frauen, weil sie es eiliger haben als die anderen. Mittwoch und Donnerstag die Frauen. Für sie nehme ich mir zwei Tage Zeit, weil sie gern schwatzen, und ich möchte sie bitten, keine großen Geschichten zu machen: Wenn eine heimlich ein Stück Zucker genascht hat oder in Versuchung geraten ist, als sie die Feuerwehrmänner von Arles vorbeimarschieren sah – es sind ja wirklich schöne Burschen –, so braucht sie nicht gleich einen ganzen Roman zu erzählen. Da es ohnehin seit langem ihre erste Beichte sein wird, wollen wir zuerst das Gröbste beseitigen. Am Freitag sind die Männer an der Reihe. Wir machen es kurz, aber gründlich. Am Samstag als letzte die Kinder. Und am Sonntagmorgen wird sich eine blitzsaubere, blitzblanke Versammlung zum Hochamt in dieser Kirche einfinden, zu Füßen unseres Patrons, des guten heiligen Eutropius, der lächelnd auf uns herabschaut. Und jetzt haben wir das Vergnügen, die kleinen Chorknaben von der Singschule von Avignon zu hören.

Anstelle eines Nachwortes
Warum ich predige

Interviews sind mir zuwider. Ich heiße die Journalisten gern willkommen, doch sobald sie ihre Fragen zu stellen beginnen, werde ich nervös, meine Gedanken geraten in Panik, mein Gehirn streikt.

Mit Vergnügen dagegen interviewe ich selber. Ich empfand deshalb keine Hemmungen, als ich Marcel Pagnol um ein schriftliches Interview bat. Ich stellte ihm drei Fragen. Am liebsten hätte ich sie auf eine Litanei ausgedehnt; die Liebenswürdigkeit des Meisters ermutigte mich dazu, doch die eigene Diskretion hat mich davon abgehalten.

„Marcel Pagnol, was hat Sie bewogen, Predigten in Ihre Theaterstücke oder Filme einzubauen?"

„In die meisten meiner Stücke oder Filme habe ich eine Predigt aufgenommen, weil es zu meiner Zeit in den Dörfern und sogar in den Städten zwei wichtige Persönlichkeiten gab – den Pfarrer, der zugleich Religionslehrer, und den Lehrer, der zugleich weltlicher Pfarrer war. Aus ihrer Gegenüberstellung sproß der Geist, der die Gemeinde beherrschte."

„Was hat Sie zu Ihren Predigten inspiriert?"

„Ich habe unseren Dorfpfarrern zugehört, und ich habe die Predigten von Massillon und Bossuet gelesen."

„Haben Ihre Predigten den Anklang gefunden, den Sie sich davon versprachen?"

„Im großen und ganzen sind sie beim Publikum gut angekommen. Ich weiß zum Beispiel von der Predigt in „Manon-les-Sources", daß sie sowohl bei den Kinobesuchern als auch bei den Kritikern einen tiefen Eindruck hinterlassen haben."